2022

LE PETIT

FISCAL

L'ESSENTIEL EN BREF

E. Disle - J. Saraf

- L'imposition :
  - des entreprises,
  - des particuliers ;
  - des sociétés ;
  - de la consommation ;
  - de la fortune.

DUNOD

11 rue Paul Bert, 92240 Malakoff
www.dunod.com
ISBN 978-2-10-083391-7

SOMMAIRE

1 L'IMPOSITION DES ENTREPRISES (1)

Principes

- Les bénéfices réalisés par les entreprises constituent des revenus soumis à l'impôt.
- Le bénéfice imposable est déterminé selon les règles propres au droit fiscal et sert de base au calcul de l'impôt.
- Les règles qui définissent le redevable, la matière imposable, le calcul et les taux applicables dépendent principalement du statut juridique de l'entreprise.

Le bénéfice peut être imposé de deux manières :

– soit au titre de **l'impôt sur le revenu** (IR) dans la catégorie des bénéfices industriels et commerciaux (BIC) ; ce sont les propriétaires de l'entreprise qui sont imposables et non l'entreprise ;

– soit au titre de **l'impôt sur les sociétés** (IS) au taux de 26,5 % pour les exercices ouverts en 2021 et de 25 % à partir du 01.01.22, majoré de contribution sociale (il existe un taux réduit, voir *fiche 9*) ; c'est la société qui est redevable de l'impôt.

Régime de l'impôt sur le revenu

Modalités d'imposition

<table>
<tr><td>Personnes imposables</td><td colspan="3">• Exploitant individuel
• Associés des sociétés non soumises à l'IS
• Associé de l'EURL</td></tr>
<tr><td rowspan="3">Territorialité (l'imposition dépend du domicile fiscal et de l'origine des revenus)</td><td>Domicile fiscal</td><td>En France</td><td>Hors de France</td></tr>
<tr><td>Revenus de source française</td><td>Imposables à l'IR en France</td><td>Imposables à l'IR en France</td></tr>
<tr><td>Revenus de source étrangère</td><td>Imposables à l'IR en France</td><td>Non imposables à l'IR en France</td></tr>
<tr><td>Détermination du résultat imposable (BIC)</td><td colspan="3">1. Calcul du résultat comptable.
2. Détermination du résultat fiscal (voir fiches 3 à 8)
Résultat fiscal = Résultat comptable + Charges non déductibles – Produits non imposables.</td></tr>
<tr><td>Modalités d'imposition</td><td colspan="3">Le revenu de l'exploitant est établi en deux temps :
1. Calcul du résultat fiscal (prélevé ou non) réalisé par l'entreprise selon les règles des BIC.
2. Calcul du revenu imposable global du foyer fiscal de l'exploitant en tenant compte de tous ses autres revenus et des revenus des autres membres du foyer fiscal.</td></tr>
</table>

Bénéfice fiscal

↓

Bénéfice distribué ou non

↓

Imposition à l'IR dans la catégorie des BIC
pour l'exploitant ou pour chaque associé

Régime de l'impôt sur les sociétés

Modalités d'imposition

<table>
<tr><th></th><th colspan="2">De plein droit</th><th colspan="2">Sur option</th></tr>
<tr><th>Principales entreprises imposables</th><td colspan="2">• SA
• SAS
• SARL
• SCA</td><td colspan="2">• SNC
• EURL (associé personne physique)
• EIRL</td></tr>
<tr><th rowspan="4">Territorialité</th><td></td><th>Activités en France</th><th colspan="2">Activités à l'étranger</th></tr>
<tr><th>Siège social en France</th><td>Soumises à l'IS</td><td colspan="2">Non soumises à l'IS[1]</td></tr>
<tr><th>Installée à l'étranger</th><td>Soumises à l'IS[1]</td><td colspan="2">Non soumises à l'IS</td></tr>
<tr><td colspan="4">(1) Dans le cadre d'établissements autonomes</td></tr>
<tr><th>Détermination du résultat imposable</th><td colspan="4">La détermination obéit aux mêmes règles que les BIC. Il existe néanmoins des règles fiscales applicables uniquement pour le calcul de l'impôt sur les sociétés (voir fiches 3 à 8).</td></tr>
<tr><th>Calcul de l'impôt sur les sociétés</th><td colspan="4">Résultat imposable × Taux IS
(Majoré des contributions additionnelles à l'IS)
(Voir fiche 9)</td></tr>
<tr><th>Détermination du bénéfice net comptable (ou bénéfice après impôt)</th><td colspan="4">Bénéfice net comptable =
Bénéfice comptable avant IS – Impôt sur les sociétés
L'impôt sur les sociétés est comptabilisé parmi les charges de la société. Le résultat comptable figurant comme solde du compte résultat est donc un résultat net d'impôt.</td></tr>
<tr><th>Affectation du bénéfice net comptable</th><td colspan="4">Ce résultat peut être :
– conservé totalement ou en partie en réserve (non imposable) ;
– distribué pour la partie non mise en réserve, chaque associé est alors personnellement imposé sur la part des bénéfices reçue (voir fiche 12).</td></tr>
</table>

Bénéfice comptable avant IS

–

Impôt sur les sociétés
(l'assiette de cet impôt est le bénéfice fiscal)

=

Bénéfice net comptable

Bénéfice distribué	Bénéfice non distribué
↓	↓
Imposition à l'IR pour chaque associé	Aucune imposition

L'IMPOSITION DES ENTREPRISES (2)

Imputation des déficits fiscaux

L'imputation des déficits d'une entreprise dépend de son régime fiscal.

Déficit des entreprises relevant des BIC (IR)	Déficit des sociétés soumises à l'IS
• Les déficits générés par une activité professionnelle relevant des BIC sont imputés sur les autres revenus imposables à l'IR du foyer fiscal. • Si le déficit ne peut pas être imputé intégralement sur les autres revenus, il est reportable sur les revenus imposables du foyer fiscal pendant les 6 années suivantes. • Les déficits relevant des BIC générés par une activité exercée à titre non professionnel ne peuvent, en revanche, être déduits que des bénéfices des mêmes BIC réalisés au cours des 6 années suivantes. Ils ne peuvent pas être déduits du revenu global du foyer fiscal.	• Le déficit constaté peut être reporté **en avant** sur les bénéfices suivants sans limitation de durée. Néanmoins, l'imputation des déficits antérieurs sur le bénéfice constaté est limitée à un plafond égal à 1 M€ majoré de 50 % du montant du bénéfice imposable de l'exercice excédant 1 M€. La fraction du déficit non déduite du fait du plafonnement est imputable sans limitation de durée. • Le déficit est reportable **en arrière** sur les bénéfices de l'exercice précédent. Ce report est plafonné à 1 000 000 € et ne peut pas porter sur les bénéfices distribués et ceux dont l'IS a été réglé à l'aide de crédits d'impôts (*fiche 9*).

Majoration du bénéfice imposable

Les entreprises relevant du régime de l'IR-BIC et qui ne sont pas adhérentes à un centre de gestion agréé, ou qui ne font pas appel à un professionnel de l'expertise comptable agréé par l'administration fiscale, subissent une majoration de leur bénéfice imposable (voir *fiche 12*).

Régimes d'imposition des bénéfices

Modalités d'imposition

Le régime d'imposition des entreprises dépend de la nature de leur forme juridique, de la nature de leurs activités et du montant du chiffre d'affaires (CA) réalisé.

Les entreprises peuvent opter pour le régime correspondant aux chiffres d'affaires supérieurs.

Seuils applicables

Régime de droit / Activités	Régime du réel		Régime des micro-entreprises[(1)]
	normal	simplifié	
Ventes de marchandises	CA ≥ 818 000 € HT	CA < 818 000 € HT	CA ≤ 176 200 € HT
Prestations de services	CA ≥ 247 000 € HT	CA < 247 000 € HT	CA ≤ 72 600 € HT

(1) Ce régime n'est pas applicable aux entreprises soumises à l'impôt sur les sociétés.

Régime du réel normal ou simplifié

Les entreprises soumises à un régime réel d'imposition doivent :

- tenir une comptabilité complète et régulière (les entreprises soumises au régime du réel simplifié peuvent bénéficier d'allégements comptables) ;
- transmettre sous forme dématérialisée leurs déclarations fiscales, numéro 2065 pour l'IS et 2031 pour l'IR-BIC, liasse fiscale (cette liasse est commune quel que soit le type d'imposition de l'entreprise, IR ou BIC, mais aménagée pour tenir compte des spécificités d'imposition).

La liasse fiscale est limitée à 4 documents dans le cadre du régime du réel simplifié.

Régime des micro-entreprises

Entreprises concernées	Entreprises individuelles bénéficiant de la franchise de TVA (voir *fiche 20*).
Calcul du bénéfice imposable	Le bénéfice imposable est calculé par l'application au CA d'un abattement forfaitaire de 71 % pour les ventes de marchandises et de 50 % pour les prestations de services.
Obligations déclaratives	Il suffit de tenir un registre des achats et un livre-journal de recettes. Le montant du CA annuel est porté directement sur la déclaration d'ensemble des revenus. La tenue d'une comptabilité complète et régulière n'est pas obligatoire (dispense de bilan et de compte de résultat).

Régime de l'auto-entrepreneur

Les exploitants individuels peuvent opter pour le régime de l'auto-entrepreneur et s'acquitter par un prélèvement libératoire de leurs cotisations et contributions sociales et de leur impôt sur le revenu.

Conditions pour bénéficier de ce régime	• L'activité doit entrer dans le champ d'application des micro-BIC. • Être immatriculé au registre de commerce ou au répertoire des métiers.
Exercice d'une option	L'option doit être exercée au plus tard le 30 septembre de l'année précédant celle au cours de laquelle les versements seront effectués.
Option pour un versement libératoire de l'impôt sur le revenu	Les auto-entrepreneurs peuvent opter pour un versement libératoire de l'impôt sur le revenu si le revenu fiscal de référence n'excède pas certaines limites. Le versement est calculé en appliquant au CA du mois ou du trimestre le pourcentage suivant : – 1 % pour les ventes de marchandises ; – 1,7 % pour les prestations de services.
Obligations déclaratives	Le contribuable doit porter le montant de son CA annuel ainsi que ses plus-values sur la déclaration annuelle des revenus.
Recouvrement	Les versements sociaux et fiscaux sont effectués auprès de l'Urssaf.

3 LES PRODUITS IMPOSABLES

Exercice d'imputation

Opérations	Exercice d'imposition
Ventes	Exercice au cours duquel la livraison est intervenue
Fournitures de services : – prestations continues ; – prestations ponctuelles.	 – rattachement à l'exercice au fur et à mesure de l'exécution de la prestation ; – exercice de l'exécution de la prestation.

Produits d'exploitation imposables

Produits imposables à l'IR-BIC ou à l'IS :
- ventes de biens, de travaux ou de services ;
- productions immobilisées ;
- revenus d'immeubles inscrits au bilan ;
- subventions de fonctionnement.

Produits financiers

Traitement fiscal des dividendes et des revenus des obligations

Produits	Entreprises soumises à l'IS	Entreprises relevant des BIC
Dividendes	• L'entreprise détient moins de 5 % du capital de la société versante : dividendes imposés avec les autres produits. • L'entreprise détient au moins 5 % du capital de la société versante : – elle n'opte pas pour le régime des sociétés mères et filiales : traitement des dividendes similaire au cas précédent ; – elle opte pour le régime spécial des sociétés mères et filiales : dividendes déduits du résultat imposable, réintégration d'une quote-part de frais et charges égale à 5 % du produit total des participations, crédits d'impôt compris.	Ces produits ne sont pas soumis à l'IR dans la catégorie des BIC. Ils sont déduits extracomptablement et imposés pour chaque associé dans la catégorie des revenus mobiliers.
Intérêts des obligations	Imposables au fur et à mesure qu'il ont couru sur l'exercice, crédit d'impôt éventuel déductible de l'IS pour 2/3.	

Revenus de la propriété industrielle

Ces produits peuvent être imposés séparément sur option au taux de 10 % en proportion du montant des dépenses de recherche et développement réalisées en France.

Gains latents de change

Les gains de change comptabilisés sont normalement imposables. Les gains latents de change n'influent pas sur le résultat comptable ; étant imposables, ils sont réintégrés dans le résultat comptable.

▶ Produits exceptionnels

• **Subventions d'équilibre** : imposables dans les résultats de l'exercice.

• **Subventions d'équipement** : en principe imposables au titre de l'exercice d'attribution ; possibilité d'une imposition étalée.

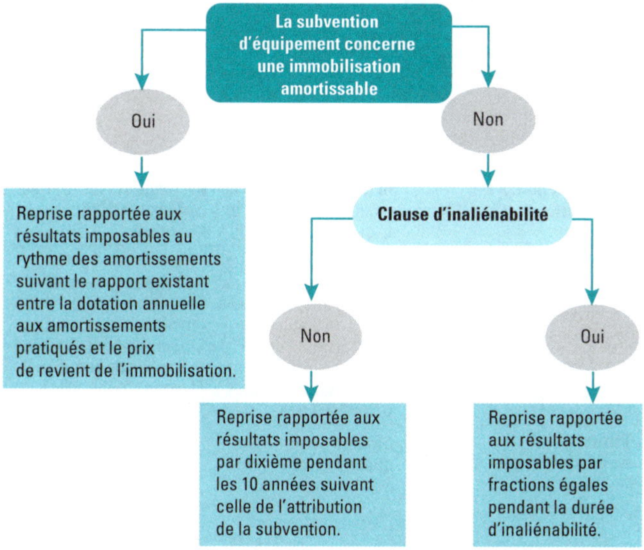

La part de la subvention d'équipement non encore reprise à la date d'une cession d'immobilisation financée par une subvention d'équipement constitue un produit imposable de l'exercice.

• **Indemnités** :

Indemnités	Régime fiscal
Indemnités perçues à la suite d'un vol ou de charges d'exploitation.	Produit imposable.
Indemnités perçues suite à la disparition d'une immobilisation.	Produit imposable au régime des plus ou moins-values (voir *fiche 4*).

• **Reprises sur amortissements, dépréciations et provisions** : imposables, sauf si les dotations correspondantes n'étaient pas elles mêmes déductibles.

• **Dégrèvements d'impôt** : profit imposable si le remboursement correspond à un impôt antérieurement déduit.

• **Produits de cessions d'actif** : ces produits sont soumis au régime particulier des plus-values (voir *fiche 4*).

4 LE RÉGIME DES PLUS OU MOINS-VALUES PROFESSIONNELLES

▶ Éléments d'actif concernés par ce régime

Éléments	Champ d'application des plus- ou moins-values professionnelles	
	Imposition à l'IR	Imposition à l'IS
Biens non amortissables : – Droits au bail – Fonds commercial – Terrains	Éléments entrant dans le champ d'application des plus ou moins-values professionnelles.	
Biens amortissables : – Constructions – Installations techniques – Matériel et outillage	Éléments entrant dans le champ d'application des plus ou moins-values professionnelles.	
Cessions et concessions de brevets	Les brevets doivent avoir été acquis depuis 2 ans au moins ; aucun délai n'est exigé si l'entreprise a mis au point les droits cédés ou concédés ou si elle les a acquis à titre gratuit.	
Titres de placement	Les titres doivent avoir été détenus depuis au moins 2 ans, ou depuis moins de 2 ans s'ils sont rattachés à un lot de titres de même nature détenu depuis au moins 2 ans.	Ne font pas partie du régime des plus ou moins-values professionnelles. Les moins-values sont des charges déductibles, les plus-values des produits imposables.
Titres de participation	Mêmes conditions que les titres de placement.	Ces titres doivent avoir le caractère de titres de participation ou avoir été acquis par une OPA ou OPE, ou bénéficier du régime des sociétés mères.
Dépréciations ou reprises de dépréciation sur titres	Les dotations aux dépréciations des titres sont des moins-values à long terme, les reprises des plus-values à long terme.	

▶ Événements concernés

Toute sortie d'actif : vente, mise au rebut, apport en société, destruction.

▶ Calcul de la plus ou moins-value

Immobilisation amortissable	Immobilisation non amortissable
Prix de cession – Valeur comptable nette	Prix de cession – Valeur d'origine
= Plus ou moins-value	= Plus ou moins-value

NB : Le reversement éventuel de TVA vient majorer la valeur d'origine ; à l'inverse, le complément de déduction vient diminuer la valeur d'origine.

Qualification fiscale des plus ou moins-values

		Biens détenus depuis moins de 2 ans		Biens détenus depuis 2 ans et plus	
		Moins-values	Plus-values	Moins-values	Plus-values
Entreprises non soumises à l'IS	Biens non amortissables	CT	CT	LT	LT
	Biens amortissables	CT	CT	CT	CT à hauteur des amortissements LT pour le surplus
Entreprises soumises à l'IS	Biens amortissables ou non amortissables(1)	CT	CT	CT	CT

(1) À l'exception (sous certaines conditions) des cessions et concessions de brevets et des titres de participation qui peuvent générer des plus ou moins-values à long terme (voir tableau suivant).

Traitement fiscal et incidences comptables

Plus ou moins-values nettes	Régime fiscal	Du résultat comptable au résultat fiscal
Plus-value à court terme IR (BIC)	Au choix: – pas d'étalement; – étalement sur 3 ans.	– Rien à faire. – Déduire 2/3 de la +value du résultat fiscal; réintégration extra-comptable de 1/3 en N+1 et N+3.
Plus-value à court terme (IS)	Pas d'étalement.	Rien à faire.
Moins-value à court terme IR (BIC), IS	Déduite en comptabilité, déductible fiscalement.	Rien à faire.
Plus-value à long terme IR (BIC)(1)(2)	Imposition au taux de 12,8 % (+ prélèvements sociaux).	À déduire pour bénéficier du taux spécifique.
Plus-value à long terme IS(1)	Titres de participation: pas d'imposition.	Déduire les plus-values, réintégrer une quote-part de frais et charges de 12 % du montant brut de la plus-value.
	Cessions et concessions de brevets: imposition à 10 %(3).	À déduire pour bénéficier du taux spécifique.
Moins-value à long terme IR (BIC) IS	Peut compenser les 10 prochaines plus-values à long terme de même nature(4).	À réintégrer pour déterminer le résultat fiscal.

(1) Si l'entreprise est déficitaire, elle peut soit compenser les plus-values avec le déficit (dans ce cas, aucune opération n'est à effectuer), soit procéder à l'imposition de ces plus-values.

(2) Les plus-values à long terme portant sur des biens immobiliers bâtis ou non bâtis affectés à l'exploitation de l'entreprise (à l'exception des terrains à bâtir) sont imposées après application d'un abattement de 10 % par année de détention au-delà de la cinquième.

(3) Y compris les amortissements.

(4) Les moins-values relevant du taux de 0 % ne sont ni reportables, ni imputables; elles doivent être réintégrées.

Conditions de déductibilité

Conditions	Commentaires
Les charges doivent: – être comptabilisées au cours de l'exercice auquel elles se rapportent;	Les charges ne sont déductibles que des résultats de l'exercice au cours duquel elles ont été engagées et comptabilisées.
– s'appuyer sur des justificatifs.	Il s'agit de documents apportant la preuve de la réalité de ces charges (factures par exemple).
Certaines charges doivent être portées sur un relevé détaillé des frais généraux[1].	

(1) Les entreprises individuelles ne sont astreintes à déclarer que les cadeaux de toute nature et les frais de réception.

Conditions	Commentaires
Les charges doivent:	
– se rattacher à la gestion normale de l'exploitation;	⇨ Sont exclus les actes anormaux de gestion, les sanctions pénales, etc.
– être engagées dans l'intérêt de l'entreprise;	⇨ Ne sont pas déductibles les dépenses à caractère personnel du dirigeant ou de sa famille.
– se traduire par une diminution de l'actif net de l'entreprise;	⇨ Sont exclues les dépenses qui se traduisent par une augmentation de l'actif.
– ne pas être exclues du résultat fiscal par une disposition expresse de la loi.	⇨ C'est le cas des charges somptuaires: – dépenses liées à la chasse, à la pêche non professionnelle, dépenses liées à l'acquisition, à l'entretien ou à la location des résidences secondaires; – dépenses de toute nature concernant les yachts et les bateaux de plaisance à voile ou à moteur; – amortissements non déductibles des voitures de tourisme pour la fraction de leur prix d'acquisition qui dépasse 18 300 € TTC émettant moins de 130 g de CO_2/km (9 900 € pour les voitures émettant plus de 130 g de CO_2/km à compter du 01.01.21 [1], voir *fiche 7*).

(1) Pour les voitures de tourisme, le plafond de déductibilité est de:

⇨ 30000€ dont le taux d'émission est de moins de 20 g de CO_2/km;

⇨ 20300€ dont le taux d'émission est entre 20 et 59 g de CO_2/km;

⇨ 18300€ dont le taux d'émission est entre 60 et 140 g de CO_2/km (en fonction de la date d'acquisition).

Exercice d'imputation

Analyse des charges de l'exercice	Régime
Charges engagées et payées au cours de l'exercice.	Déductibles
Charges engagées au cours de l'exercice restant à payer.	Déductibles
Charges payées mais concernant l'exercice suivant.	Non déductibles

Déductibilité des principales charges dans les entreprises individuelles et dans les sociétés

	Entreprise individuelle	Société non soumise à l'IS	Société soumise à l'IS
Charges somptuaires			
Charges non conformes aux conditions de déductibilité			
Achat, sauf:			
petit matériel > 500 € HT			
Frais d'entretien et de réparations sauf:			
– réparations augmentant la valeur de l'immobilisation en prolongeant de manière notable la durée d'utilisation du bien;			
– remplacement ou renouvellement de certains composants.			
Loyers et charges locatives sauf:			
redevance de crédit-bail pour une voiture de tourisme correspondant au montant des amortissements qui ne seraient pas déductibles si l'entreprise était propriétaire			
Primes d'assurances (assurances-vie, voir *fiche 6*)			
Autres services extérieurs sauf:			
– les honoraires d'architecte;			
– les cadeaux ne correspondant pas à l'intérêt, la bonne marche ou le développement de l'entreprise;			
– les publicités prohibées;			
– les frais d'installation d'une immobilisation.			
Impôts sauf:			
– l'IR;			
– l'IS et assimilés;			
– les contributions assises sur l'IS;			
– les taxes sur les véhicules de sociétés;			
– les sanctions et pénalités de toute nature.			
Charges de personnel (pour les dirigeants, voir *fiche 6*)			
Charges financières sauf comptes courants (voir *fiche 6*)			(2)
Charges exceptionnelles sauf:			
– valeur comptable des éléments d'actif cédés;			
– dons [1].			

Charges normalement déductibles
Charges à réintégrer
Charges ne concernant pas ce type d'entreprise

(1) À l'exception des dons ou subventions versés dans l'intérêt du personnel.
(2) Déductible à hauteur de 75 % ou 30 % de l'EBITDA si ≥ à 3 millions d'euros.

Rémunérations des dirigeants

Déductibilité des rémunérations des dirigeants

Rémunérations et type de sociétés	Déductible du bénéfice imposable
• Entrepreneur individuel.	Non
• Associés et gérants d'une SNC (pas d'option pour l'IS).	Non
• Associés et gérants de SNC ayant opté pour l'IS.	Oui
• Gérants majoritaires de SARL.	Oui
• Gérants minoritaires de SARL.	Oui
• Président du conseil d'administration, directeur général, directeur général délégué, membre du directoire d'une SA.	Oui

Régime des remboursements de frais et des indemnités et allocations forfaitaires pour frais d'emploi

Sommes versées	Dirigeant salarié	Dirigeant non salarié
Remboursement des frais réels.	Déductibles(1)	Déductibles(1)
Allocations forfaitaires pour frais.	Déductibles(2)	Déductibles(1)
Cas du cumul des remboursements des frais réels et des allocations forfaitaires pour frais.	Les deux sont déductibles.	Les allocations forfaitaires ne sont pas déductibles.

(1) Exonérées de l'IR sous certaines conditions. (2) Imposable à l'IR.

Rémunération des conjoints des dirigeants

- **Entreprises individuelles et sociétés de personnes**

La déduction des salaires et des charges sociales du conjoint est intégrale si le travail est effectif.

- **Société soumise à l'IS** : déductible sans limite.

Limites de déductibilité des jetons de présence ordinaires

- **Entreprises d'au moins 5 salariés**

5 % (moyenne annuelle des rémunérations brutes)
× Nombre de membres du conseil (1)

(1) Nombre de salariés à retenir : entreprises de plus de 200 salariés : 10 personnes les mieux rémunérées ; entreprises de 200 salariés au maximum : 5 personnes les mieux rémunérées.

• **Entreprises de moins de 5 salariés**:

457 € × Nombre de membres du conseil

Limites de déductibilité de certaines charges

Conditions et limites de déductibilité des intérêts des comptes courants

- **Condition générale**: capital entièrement libéré.
- **Limite portant sur le taux**: taux moyen pratiqué par les établissements de crédit pour les prêts à taux variable aux entreprises d'une durée initiale supérieure à deux ans.

Assurances-vie

	Contrat souscrit au profit de l'entreprise		Contrat souscrit au profit d'un organisme financier		Contrat souscrit au profit du personnel de l'entreprise
	sur la tête d'un homme-clé[1]	sur la tête de toute autre personne	imposé par l'organisme	souscrit librement	
Au versement de la prime	Prime déductible	Prime non déductible	Prime déductible	Prime non déductible	Prime: déductible et caractère de salaire
À l'échéance du contrat au décès de l'assuré	(2)	(3)	(2) Déduction globale des primes versées	(2) Déduction globale des primes versées	Aucune incidence sur comptes de l'entreprise

(1) L'homme-clé est une personne jouant un rôle déterminant dans la vie de l'entreprise (dirigeant, collaborateur).
(2) L'entreprise peut opter pour un étalement sur 5 ans au profit résultant de l'annulation de la dette. En cas de décès de l'assuré, elle devra alors échelonner la reprise éventuelle de ses primes par parts égales sur 5 ans.
(3) L'indemnité perçue en fin de contrat est imposable avec les bénéfices de l'entreprise.

Pertes de change

Les pertes de change comptabilisées sont normalement déductibles.

Les pertes latentes de change n'influent pas sur le résultat comptable; étant déductibles fiscalement, elles sont déduites extracomptablement.

Dons

Les dons ne sont déductibles que s'ils sont versés dans l'interêt direct de l'entreprise (cadeaux d'entreprise) ou du personnel. Les dons versés au titre du mécenat ouvrent droit à une réduction d'impôts (IR ou IS) égale à 60 % des versements effectués au cours de l'année dans la limite de 5 ‰ du CA de l'entreprise.

Conditions de déductibilité

- Seuls les biens dont l'utilisation est limitée dans le temps sont amortissables.
- Les amortissements doivent être comptabilisés.
- Ils ne doivent pas être exclus des charges déductibles par une disposition fiscale. On trouve à titre d'exemple les biens somptuaires (plafonnement de l'amortissement des voitures de tourisme).

Base amortissable et durée d'amortissement

	Comptable	Fiscal
Base amortissable	Valeur brute de l'actif diminuée de sa valeur résiduelle si cette dernière est significative et mesurable.	La déduction de la valeur résiduelle n'est pas prise en compte fiscalement. Un amortissement dérogatoire doit être constaté pour la partie non amortie comptablement.
Durée d'amortissement	La durée est propre à chaque entreprise et dépend de la durée réelle d'utilisation de l'actif par l'entreprise.	La durée retenue est la durée d'usage dans la profession [(1)] : – 20 à 50 ans pour les immeubles commerciaux ou d'habitation ; – 15 à 20 ans pour les immeubles industriels ; – 5 à 10 ans pour les matériels ; – 5 ans pour les voitures de tourisme ; – 4 ans pour les véhicules et les camions.

(1) Les composants sont amortis fiscalement et comptablement sur leur durée réelle d'utilisation.

Notion de composant
Les éléments constitutifs d'une immobilisation qui ont des durées d'utilisation différentes, ou procurent des avantages économiques à l'entreprise selon un rythme différent, sont comptabilisés séparément dès l'acquisition. Un plan d'amortissement propre à chacun des éléments est établi. Sont considérés comme des composants, les éléments principaux d'une immobilisation corporelle qui ont une durée réelle d'utilisation différente de celle de l'immobilisation à laquelle ils se rattachent. La partie non décomposée de l'immobilisation est appelée « structure ». Les composants identifiés du point de vue comptable sont admis du point de vue fiscal. Seuls les composants qui ont un caractère significatif doivent être identifiés : – composant d'une valeur de 500 € au moins ; – valeur au moins égale à 15 % (pour les biens meubles) et 1 % (pour les immeubles) du prix de revient de l'immobilisation.

Tableau récapitulatif des différents modes d'amortissement

	Linéaire	Variable	Dégressif
Caractère	Minimum obligatoire.	Amortissement non linéaire correspondant à la dépréciation effective de l'actif.	Facultatif, réservé à certains biens énumérés par la loi (1).
Annuité	Constante.	Variable : voir modalités de calcul.	Dégressive.
Taux utilisés	100/durée d'utilisation (2).	Voir modalités de calcul.	Taux linéaire × Coefficient (3).
Base amortissable	Valeur brute hors TVA déductible (2).	Valeur brute hors TVA déductible (2).	Valeur brute hors TVA déductible (2).
Modalités de calcul	Annuité = Valeur brute × Taux	En fonction d'unités d'œuvres propres aux caractéristiques économiques de l'entreprise.	Le taux s'applique : – à la valeur d'origine de la 1re année ; – à la valeur résiduelle comptable les années suivantes (4).
Début de l'amortissement	Date de mise en service de l'actif.	Date de mise en service de l'actif.	1er jour du mois d'acquisition.
Dernière annuité en cas de cession	Prorata temporis calculé jusqu'au jour de la cession.	Au prorata des unités choisies, du début de l'année à la date de la cession.	On ne tient pas compte du mois de cession.

(1) L'entreprise doit comptabiliser obligatoirement un amortissement dérogatoire (différence entre les amortissements comptables et fiscaux).

(2) Voir tableau base amortissable et durée d'amortissement.

(3) Taux dégressif : taux linéaire × par un coefficient (1,25 pour une durée d'utilisation de 3 ou 4 ans, 1,75 pour une durée d'utilisation de 5 ou 6 ans, 2,25 pour une durée d'utilisation de plus de 6 ans).

(4) Afin d'obtenir une VCN nulle, on comptabilise un amortissement constant à la place d'un dégressif quand le taux linéaire, calculé sur le nombre d'années restant à courir, devient supérieur au taux dégressif.

Amortissements exceptionnels à caractère fiscal

Les matériels d'économie d'énergie ou de production d'énergie renouvelable bénéficient de coefficients majorés à 2, 2,5 ou 3 selon la durée d'utilisation.

Ces amortissements ont un caractère facultatif.

Certains matériels, installations ou équipements robotiques utilisant des énergies alternatives bénéficient d'une déduction égale à 40 % de la valeur d'origine.

8 LES DÉPRÉCIATIONS ET PROVISIONS

• **Dépréciation d'un actif**: constatation que sa valeur actuelle est devenue inférieure à sa valeur nette comptable.
• **Provision**: passif dont le montant ou échéance ne sont pas fixés de façon précise.
• **Provision réglementée**: ne correspond pas à l'objet normal d'une provision mais satisfait à l'application de dispositions fiscales.

Conditions de déductibilité

Conditions	Commentaires
Conditions de fond	
• Être déductibles par nature.	Sont exclues les provisions pour amendes, pénalités ou les provisions qui ont pour contrepartie une augmentation de l'actif ou qui concernent les charges personnelles par exemple.
• Être nettement précisées.	L'utilisation des méthodes statistiques de calcul des provisions est admise si elles permettent une approximation suffisante.
• Être probables et pas seulement éventuelles.	Les provisions constituées pour des risques simplement éventuels et sans engagement précis avant la clôture de l'exercice ne sont pas déductibles.
• Résulter d'événements en cours à la clôture de l'exercice.	L'événement qui motive la provision doit avoir eu lieu avant la clôture de l'exercice.
Conditions de forme	
• Comptabilisation des dotations. • Inscription des provisions sur le tableau de la déclaration annuelle des résultats.	La comptabilisation s'effectue par les comptes de dotations.

Déductibilité des principales dépréciations et provisions

Natures	Déductibles	Observations
Dépréciations		
• Des immobilisations non amortissables	Oui	Si respect des conditions de déductibilité.
• Des immobilisations amortissables	Oui	La dépréciation doit être normalement constatée par le biais des amortissements (une perte de valeur non définitive peut justifier une dépréciation).
• Des titres de participations et assimilés	Oui/Non	Oui: si les titres n'entrent pas dans le champ d'application des plus ou moins-values professionnelles. Non: si les titres entrent dans le champ d'application des plus ou moins-values professionnelles (NB: les dotations aux dépréciations sur les titres de participation dans les sociétés soumises à l'IS ne sont pas déductibles).

■■■

■■■

• Des stocks et des en-cours	Oui	Si les règles d'évaluation des stocks sont scrupuleusement respectées.
• Des comptes clients	Oui	Calcul sur la base hors TVA et à condition que le risque de non-recouvrement soit individualisé. La déduction forfaitaire est admise si le pourcentage utilisé s'appuie sur des données statistiques précises.
	Provisions	
• Pour perte de change	Non	La perte latente correspondante est déduite de façon extracomptable.
• Pour litiges	Oui	Si respect des conditions de déductibilité.
• Pour garanties données aux clients	Oui	Si la mise en jeu de la garantie est probable pour l'ensemble des appareils vendus. Le calcul statistique est admis.
• Pour amendes et pénalités	Non	Les amendes et les pénalités ne sont pas déductibles.
• Pour dépenses de personnel:		
– indemnités de départ à la retraite;	Non	Déduction interdite.
– congés payés;	Oui/Non	Déduction interdite Mais des entreprises ont pu opter avant le 31.12.87 pour la déduction des congés payés l'année du paiement; dans ce dernier cas, une régularisation fiscale est nécessaire.
– licenciement pour motifs économiques;	Non	Déduction interdite.
– pour gratifications au personnel.	Oui	À condition que l'entreprise s'engage par écrit auprès du personnel (l'usage vaut engagement écrit).
• Pour impôts	Oui/Non	Oui si l'impôt est lui-même déductible.
• De propre assureur	Non	Risques éventuels, pas de possibilités d'individualisation.
• Réglementées	Oui	Déductibles car résultant de textes fiscaux.

▶ Traitement fiscal des dépréciations et provisions non déductibles du bénéfice imposable

Les dotations sont réintégrées dans les résultats de l'exercice considéré. Les reprises correspondantes ne sont pas imposables et, de ce fait, seront déduites du résultat.

LA LIQUIDATION ET LE PAIEMENT DE L'IS

Taux de l'impôt sur les sociétés (IS)

	Chiffres d'affaires	Bénéfice	Taux de l'IS
Exercices ouverts à partir du 01.01.2021	Inférieur à 10 M€	≤ 38120 €	15 %
		> 38120 €	26,5 %
	Supérieur à 10 M€		26,5 %

Pour les exercices ouverts à partir du 01.01.2022, le taux de 26,5 % est réduit à 25 %.

Liquidation et paiement de l'IS

Impôt sur les sociétés brut

–

Imputation des créances non reportables et non restituables	
Crédits d'impôt attachés aux dividendes d'une société étrangère non filiale.	En pratique, l'entreprise n'incorpore pas les crédits d'impôt au résultat imposable ; dans ce cas la déduction est limitée à un taux égal à (1 – taux de l'IS) % des crédits d'impôt.
Crédits d'impôt attachés aux dividendes d'une filiale étrangère.	• L'entreprise opte pour le régime des sociétés mères (voir *fiche 3*) : aucune déduction des crédits d'impôt. • L'entreprise n'opte pas pour le régime des sociétés mères (voir *fiche 3*) : régime similaire aux entreprises non filiales.

–

Imputation des créances non reportables et restituables

On trouve notamment : le crédit d'impôt formation.

–

Imputation des créances reportables

On trouve notamment le crédit d'impôt pour la recherche, le montant du report en arrière des déficits (voir *fiche 2*), le montant de la réduction d'impôt au titre du mécénat.

–

Acomptes d'IS versés

Le montant de chaque acompte d'IS est calculé à partir des résultats du dernier exercice clos (ou de l'avant-dernier exercice pour le calcul du 1er acompte de l'exercice en cours ; dans ce cas, le 1er acompte devra être régularisé avec le 2e acompte).

Chacun des acomptes est égal à :

- 6,63 % du bénéfice taxé au taux normal de 26,5 %
- 3,75 % du bénéfice taxé au taux réduit de 15 %

=

Solde de l'IS

Date de paiement des acomptes

Date de clôture de l'exercice précédent	1er acompte	2e acompte	3e acompte	4e acompte
Du 20.02 au 19.05	15.06	15.09	15.12	15.03
Du 20.05 au 19.08	15.09	15.12	15.03	15.06
Du 20.08 au 19.11	15.12	15.03	15.06	15.09
Du 20.11 au 19.02	15.03	15.06	15.09	15.12

Date de paiement du solde de l'IS

Le 15 du cinquième mois suivant la clôture si l'exercice comptable coïncide avec l'année civile, le 15 du quatrième mois dans les autres situations.

Les entreprises nouvelles

Les sociétés nouvelles sont dispensées du versement de tout acompte pendant les douze premiers mois de leur activité. Celles qui bénéficient d'une exonération totale ou partielle d'IS réduisent leurs acomptes dans les mêmes proportions que l'exonération d'IS dont elles bénéficient.

La contribution sociale de 3,3 %

Les personnes morales dont l'IS excède 7 630 000 € sont assujetties à une contribution sociale de 3,3 %.

Liquidation : 3,3 % de l'impôt de référence. L'impôt de référence est égal à l'IS de l'exercice précédent diminué d'un abattement de 763000 €. L'impôt de référence est l'IS de l'exercice précédent, au taux normal ou au taux réduit sur les plus-values nettes à long terme, avant imputation des crédits d'impôt.

Recouvrement : 4 acomptes de 0,835 % doivent être versés selon les mêmes modalités que les acomptes d'IS.

Le solde de la contribution est exigible avec le solde de l'IS.

La contribution sociale est distincte juridiquement de l'IS : elle n'est pas déductible des résultats imposables.

10 L'IMPÔT SUR LE REVENU : PRINCIPES GÉNÉRAUX

Principales caractéristiques de l'IR

- Déterminé annuellement par foyer fiscal à partir des déclarations des contribuables.
- Général et global.
- Progressif.
- Personnel (prend en considération la situation personnelle et familiale).
- Un prélèvement à la source de l'IR est effectué directement sur les salaires et les retraites de chaque membre du foyer.

Territorialité de l'impôt sur le revenu

Domicile fiscal	France	Hors de France
Revenus de source française.	Imposable à l'IR.	Imposable à l'IR à 30 % sauf convention fiscale.
Revenus de source étrangère.	Imposable à l'IR.	Non imposable à l'IR.

La règle de l'imposition par foyer fiscal

L'imposition à l'IR est établie sur l'ensemble des revenus des membres du foyer fiscal. Dans une même famille, chaque foyer fiscal doit établir une déclaration séparée.

Le foyer fiscal est constitué :

- du contribuable lui-même ;
- de son conjoint, s'il est marié ;
- des enfants célibataires âgés de moins de 18 ans ou infirmes.

Principales dérogations optionnelles à la règle du foyer fiscal

Régime sans option	Options et conséquences
Enfant célibataire mineur	
Imposition avec le foyer fiscal des parents.	Imposition distincte.
Enfant célibataire majeur âgé de moins de 21 ans ou de moins de 25 ans si étudiant	
Pas à la charge des parents Imposition séparée.	Sur demande de l'enfant et avec l'accord des parents : rattachement au foyer fiscal des parents. Considéré comme à charge des parents.
Enfant ayant fondé un foyer distinct ou chargé de famille et âgé de moins de 21 ans ou de moins de 25 ans si étudiant	
Pas à la charge des parents Imposition séparée.	Sur demande de l'enfant et avec l'accord des parents : rattachement au foyer fiscal des parents. Pas considéré comme à charge des parents, les revenus du ménage s'ajoutent à ceux du foyer, les parents bénéficient d'un abattement de 6042 € par personne à charge.

▶ Dérogations obligatoires

Les époux sont imposés séparément :

- lorsqu'ils sont séparés de biens et ne vivent pas sous le même toit ;
- lorsqu'ils ont été autorisés par le juge à avoir des résidences séparées ;
- en cas d'abandon du domicile conjugal par l'un des conjoints, s'ils disposent de revenus distincts.

▶ Différentes phases conduisant à la détermination de l'IR

Détermination du revenu net imposable

Traitements et salaires (*fiche 11*)

\+

Bénéfices industriels et commerciaux (*fiche 13*)

\+

Revenus des capitaux mobiliers (*fiche 12*)

\+

Revenus fonciers (*fiche 13*)

\+

Rémunérations des dirigeants et associés (*fiche 13*)

\+

Bénéfices agricoles (*fiche 14*)

\+

Bénéfices non commerciaux (*fiche 14*)

=

Cumul des revenus nets catégoriels
Revenu brut global

–

Charges déductibles du revenu brut global
et abattements éventuels

=

Revenu net imposable

Calcul de l'impôt par application d'un barème progressif

Impôt brut

–

Réductions d'impôts et décotes

–

Crédits d'impôts

=

Impôt à payer

REMARQUE

Les plus-values des particuliers forment une catégorie de l'impôt sur le revenu mais sont imposées selon un mode de calcul spécifique développé à la *fiche 14*.

Détermination du revenu net imposable

Le revenu brut est constitué de toutes les sommes mises à la disposition du contribuable par son employeur au cours de l'année civile d'imposition. À ces rémunérations s'ajoutent les avantages en nature.

Le revenu net est constitué par la somme des rémunérations brutes non exonérées, déduction faite des dépenses effectuées pour l'acquisition ou la conservation du revenu (charges déductibles).

Principaux revenus exonérés

Revenus	Observations
Allocations pour frais d'emploi	Exonérées aux conditions suivantes: – non-cumul avec les frais réels; – les sommes doivent couvrir les dépenses relatives à l'emploi; – les sommes doivent couvrir des dépenses supportées par le salarié et être utilisées conformément à leur objet. Les indemnités forfaitaires versées aux dirigeants salariés sont imposables.
Prestations familiales légales	On trouve notamment: – allocation logement; – allocation personnalisée d'autonomie; – allocation pour jeune enfant; – complément familial; – allocations familiales; – allocation de rentrée scolaire.
Certains revenus	• Salaires versés aux étudiants âgés de 25 ans au plus au 1er janvier de l'année d'imposition: exonérés d'IR à hauteur de 3 fois le SMIC mensuel. • Salaires des apprentis, prime d'activité (RSA), pour la fraction qui n'excède pas le montant annuel du SMIC. • Indemnités de stage versées lors d'une période de formation en milieu professionnel.

Charges déductibles du revenu brut

Cotisations sociales déductibles

Régimes légalement obligatoires	Déductible sans limite.
Régimes conventionnellement obligatoires	• Cotisations versées à des régimes de retraite supplémentaire ou de prévoyance complémentaires obligatoires (dans la limite d'un certain plafond) et à l'exception de la part prise en charge par l'employeur des cotisations des contrats collectifs de complémentaire santé. • Cotisations d'assurance chômage payées par les salariés.
Régimes facultatifs	Cotisations versées au titre d'un PERP, PREFON ou assimilés: la déduction est déductible sous certaines limites du revenu imposable. Les cotisations volontaires à d'autres régimes facultatifs ne sont pas déductibles.

Frais professionnels

- **Régime de la déduction forfaitaire de 10 %**

Minimum par salarié : 448 €

Maximum par salarié : 12 829 €

Abattement de 10 % sur les pensions et retraites :

– minimum : 400 € ;

– plafond : 3 912 € (pour l'ensemble du foyer fiscal).

- **Régime de la déduction des frais réels**

Le salarié renonce alors à la déduction forfaitaire de 10 % et à l'exonération des allocations pour frais d'emploi et des remboursements de frais perçus.

Principaux frais dont la déduction est admise

Nature des frais déductibles	Observations
Frais de transport du domicile au lieu de travail.	À condition que la distance domicile travail ne soit pas anormale (une distance de 40 km est acceptée).
Frais réels de repas.	Uniquement les frais de repas pris sur le lieu de travail si le salarié ne peut pas retourner à son domicile ; ces frais sont diminués de la valeur d'un repas près de la maison.
Déplacements professionnels.	Frais de transports, nourriture, hébergement.
Frais de séjour à l'étranger.	Si imposés par l'employeur.
Frais vestimentaires spécifiques.	En rapport avec la profession exercée.
Dépenses relatives à l'acquisition et à l'entretien d'un local professionnel.	Dans le cas où l'employeur ne met pas à la disposition du salarié le bureau correspondant à l'exercice de la profession.
Dépenses de mobilier, de matériel et d'outillage.	D'une valeur inférieure à 500 € ; dans le cas contraire il est déduit une annuité d'amortissement linéaire.
Cotisations syndicales.	Ainsi que celles versées au comité d'entreprise.
Frais d'usage d'une voiture personnelle (retenus dans la limite de 7 CV maximum).	Utilisée à des fins professionnelles L'évaluation peut être réelle ou forfaitaire en utilisant les barèmes kilométriques fournis par l'administration.

12 LES REVENUS DES CAPITAUX MOBILIERS

Les produits financiers réalisés par des particuliers sont imposables dans la catégorie des revenus des capitaux mobiliers. On distingue deux catégories de revenus mobiliers :

- **Produits de placement à revenus fixes :** ce sont les intérêts rémunérant toutes les formes de prêts.

Placements	Revenus
Bons de caisse.	Intérêts.
Obligations.	Intérêts, primes de remboursement.
Bons du trésor.	Intérêts, primes de remboursement.
Créances, dépôts, cautionnements et comptes courants d'associés.	Intérêts et tous produits[1] sauf les intérêts de certains comptes d'épargne exonérés (livret d'épargne A, livrets jeunes, livrets de développement durable, épargne logement, etc.).
Titres de créances négociables, billets de trésorerie, certificats de dépôts.	Intérêts et tous produits du capital pour leur montant brut, ainsi que les gains de cession de ces titres.

(1) Lorsque ces produits sont comptabilisés en recettes d'une profession industrielle, commerciale, artisanale ou agricole, ils sont imposés avec les bénéfices professionnels et sont exclus de la catégorie des revenus des capitaux mobiliers.

- **Produits de placement à revenus variables :** ces placements à revenus aléatoires correspondent aux distributions de bénéfices (ou assimilés) effectuées par les sociétés soumises à l'IS.

Placements à revenus fixes

Les placements à revenu fixe sont soumis à l'IR au taux forfaitaire de 12,8 %, majoré de 17,2 % de prélèvements sociaux (prélèvement forfaitaire unique de 30 %).

Placements à revenus variables

Ces **revenus** sont taxés à l'IR au taux forfaitaire de 12,8 %, majoré de 17,2 % de prélèvements sociaux.

Périodes	Modalités d'imposition
Année N : année de perception des revenus	**Principe** : Un prélèvement forfaitaire de **12,8 %** majoré de 17,2 % de prélèvements sociaux est calculé sur le montant brut des revenus et prélevé à la source par la personne qui en assure le paiement. **Dispense du prélèvement forfaitaire** : Les contribuables célibataires, divorcés ou veufs dont le revenu fiscal de référence de l'avant-dernière année est inférieur à 50 000 € (75 000 € pour les couples) peuvent demander à être dispensés du prélèvement de 12,8 %. Ces revenus financiers sont imposés uniquement au barème progressif à l'impôt sur le revenu.
Année N+1 : année d'imposition de ces revenus	• Déclaration à l'impôt sur le revenu, dans la catégorie des revenus des capitaux mobiliers, du montant brut du revenu perçu. • Imposition avec les autres revenus du foyer fiscal au barème progressif de l'impôt sur le revenu. Les dividendes bénéficient d'un abattement de 40 % de leur montant brut. Cet abattement a été imposé aux prélèvements sociaux lors du prélèvement forfaitaire. • Si l'impôt est inférieur au prélèvement forfaitaire de 12,8 %, l'excédent est remboursé.

REMARQUE

Sauf option pour l'imposition au barème de l'IR, tous les revenus et plus-values sont soumis à l'impôt sur le revenu à un **taux forfaitaire de 12,8 %** majoré de 17,2 % de prélèvements sociaux, soit une imposition globale de 30 %.

Imposition des autres distributions

D'autres revenus sont considérés fiscalement comme du bénéfice distribué ; ils sont imposés au barème progressif de l'impôt sur le revenu sans abattement et, pour certains d'entre eux, pour un montant majoré.

Cette majoration des BIC, BNC et BA était de 20 % pour les exercices ouverts en 2020. Elle est réduite à 15 % pour 2021, puis à 10 % en 2022 et sera totalement supprimée en 2023.

Ces revenus sont soumis au prélèvement forfaitaire de 12,8 % imputable sur l'impôt sur le revenu.

Revenus ne bénéficiant pas de l'abattement de 40 %	Revenus ne bénéficiant pas de l'abattement de 40 % et imposés sur 125 % de leur montant
• Jetons de présence ordinaires. • Avances, prêts ou acomptes aux associés (considérés comme revenus distribués sauf preuve du contraire).	• Rémunérations et avantages occultes (salaires ne correspondant pas à un travail effectif par exemple). • Dépenses somptuaires[1].

(1) Ce sont des dépenses qui ne sont pas déductibles fiscalement du bénéfice de la société distributrice (chasse, pêche, etc.).

Charges déductibles des revenus mobiliers bruts

Les revenus imposables à l'IR bénéficient de la déduction de certains frais et charges engagés pour leur acquisition et leur conservation.

Par exemple :

– les frais de garde des titres ;

– les droits de location des coffres ;

– les primes d'assurance de valeurs immobilières.

En revanche, ne sont pas déductibles par exemple :

– les intérêts des emprunts contractés pour l'acquisition des valeurs mobilières ;

– les frais relatifs aux revenus des capitaux mobiliers imposés au prélèvement forfaitaire unique (sauf option pour l'imposition au barème progressif de l'IR).

13 LES REVENUS FONCIERS LES RÉMUNÉRATIONS DES DIRIGEANTS LES BIC

▶ Revenus fonciers

Deux régimes d'imposition

• **Régime du micro-foncier.** Les contribuables dont les revenus fonciers bruts n'excèdent pas 15 000 € sont imposables de droit au régime du micro-foncier. Le montant brut des loyers est porté directement sur leur déclaration annuelle, le revenu net imposable est égal à 70 % du revenu brut déclaré. Une option pour le régime du réel est possible.

• **Régime du réel**

Détermination du revenu foncier imposable :

Revenu brut
• Loyers bruts perçus dans l'année. • Revenus exceptionnels : subventions, indemnités de pas de porte, etc.

–

Charges déductibles
(Ces charges doivent avoir été payées par le propriétaire au cours de l'année d'imposition) • Dépenses de réparation, d'entretien et d'amélioration. • Frais de gérance et de gardiennage. • Intérêts des dettes contractées pour l'acquisition, la construction, la réparation ou l'amélioration des biens. • Frais de gestion : – frais de procédure ; – frais de rémunération des gardiens, concierges ; – rémunération, honoraires ou commissions versées à un tiers pour la gestion de l'immeuble ; – les autres frais de gestion (correspondance, téléphone) sont couverts par un forfait de 20 € par local. • Primes d'assurances afférentes aux immeubles loués. • Provisions pour charges de copropriété (les copropriétaires bailleurs déduisent ces provisions l'année de leur versement et régularisent l'année suivante).

=

Revenu foncier net

Déficit foncier

Dans le cadre d'un régime réel, le déficit foncier ne peut être déduit du revenu global imposable à l'impôt sur le revenu qu'à hauteur de 10 700 € (à l'exception des intérêts d'emprunt).

La fraction supérieure à 10 700 € et les intérêts d'emprunt sont imputables uniquement sur les revenus fonciers des 10 années suivantes. Si le revenu global de l'année ne permet pas d'absorber le déficit foncier imputable (plafonné à 10 700 €), l'excédent est reportable sur les revenus globaux des 6 années suivantes.

Rémunération des dirigeants

Leur modalité d'imposition dépend du régime d'imposition de l'entreprise et de la nature de la rémunération.

Catégories d'imposition des dirigeants de sociétés

Sociétés/Bénéficiaires/ Types de rémunérations	Catégorie d'imposition
• Entrepreneur individuel.	BIC ou BA ou BNC (suivant l'activité)
• SNC n'ayant pas opté pour l'IS: – associés et gérants.	BIC ou BA ou BNC (suivant l'activité de la société)
• Société en commandite simple n'ayant pas opté pour l'IS: – gérants commandités.	BIC ou BA ou BNC (suivant l'activité de la société)
• Société en commandite simple ayant opté pour l'IS: – gérants commandités.	Art. 62 du CGI
• SNC ayant opté pour l'IS: – associés et gérants.	Art. 62 du CGI
• SARL (soumise à l'IS): – gérants majoritaires; – gérants minoritaires.	Art. 62 du CGI Traitements et salaires
• EURL n'ayant pas opté pour l'IS: – gérant.	BIC ou BA ou BNC (suivant l'activité de la société)
• EURL ayant opté pour l'IS: – gérant.	Art. 62 du CGI
• Société anonyme: président du conseil d'administration directeur général, membre du directoire: – rémunérations; – jetons de présence spéciaux; – jetons de présence.	Traitements et salaires Traitements et salaires Revenus mobiliers
• Société en commandite par action – gérants commandités; – membres du conseil de surveillance.	Art. 62 du CGI BNC

Régime des rémunérations de l'article 62 du CGI

Les règles d'imposition sont identiques à celles de la catégorie des traitements et salaires.

Bénéfices industriels et commerciaux (BIC)

Les bénéfices réalisés par des personnes physiques exerçant une profession commerciale, industrielle ou artisanale sont considérés comme des bénéfices commerciaux imposables à l'impôt sur le revenu dans la catégorie des BIC.

Les associés des sociétés de personnes sont concernés pour la part de bénéfices qui leur revient.

Le revenu net de cette catégorie est établi selon les règles de calcul du bénéfice imposable des entreprises individuelles ou des sociétés non soumises à l'IS (voir *fiches 1 à 7*).

Plus-values des particuliers

Cessions d'immeubles

Détermination de la plus-value imposable

Prix de cession

–

Prix d'acquisition + Montant réel des frais d'acquisition ou montant forfaitaire fixé à 7,5 % du prix d'acquisition pour les immeubles

–

Pour les immeubles, abattement forfaitaire de 15 % du prix d'acquisition représentatif des travaux effectués par le vendeur[1]

=

Plus-value brute

–

Abattements pour durée de détention

Abattement pour la plus-value	Abattement pour les prélèvements sociaux
• 6 % pour chaque année de détention de la 6e année à la 21e année. • 4 % pour la 22e année de détention. • L'immeuble est exonéré de plus-value au bout de 22 ans.	• 1,65 % pour chaque année de détention de la 6e année à la 21e année. • 1,60 % pour la 22e année de détention. • 9 % pour chaque année de détention au-delà de la 22e année. • L'immeuble est exonéré de prélèvements sociaux au bout de 30 ans.

=

Plus-value imposable au taux de 19 % majoré des prélévements sociaux

(1) Possibilité d'évaluer ces dépenses forfaitairement à 15 % du prix d'acquisition si la cession a lieu plus de 5 ans après l'acquisition.

Cessions d'immeubles exonérés

– Résidence principale.
– Résidence expropriée.
– Immeuble dont le prix est inférieur ou égal à 15 000 €.

L'exonération est réservée aux titulaires de pensions de vieillesse ou d'invalidité non imposées à l'IFI et dépend de leur revenu fiscal.

Cession de titres

Les plus-values de cession de valeurs mobilières sont soumises à un prélèvement forfaitaire unique de 12,8 % (plus prélèvements sociaux de 17,2 %). Mais une option reste possible pour une imposition au barème progressif de l'IR.

Bénéfices non commerciaux (BNC)

Revenus soumis

Les BNC comprennent des bénéfices réalisés dans le cadre :
- d'activités libérales (pratique personnelle d'une science ou d'un art exercée en toute indépendance), comme les médecins, experts-comptables, avocats, etc. ;
- des charges ou des offices (greffiers, notaires…) ;
- d'autres activités non rattachées à une autre catégorie de revenus.

Régime spécial « micro-BNC »

Les contribuables dont les recettes annuelles HT restent inférieures à 72 600 € et qui bénéficient de la franchise de TVA relèvent du régime « micro-BNC ». Le montant du bénéfice imposable est déterminé à partir du chiffre d'affaires diminué d'un abattement forfaitaire de 34 % représentatif des frais.

Dans le cadre du régime de l'auto-entrepreneur, les contribuables peuvent s'acquitter de l'IR, des cotisations et contributions sociales à l'aide de versements libératoires de 2,2 % du montant des recettes HT.

Régime de la déclaration contrôlée

Le bénéfice imposable est déterminé à partir des recettes encaissées et des dépenses payées au cours de l'exercice.

Le bénéfice est majoré si le contribuable n'est pas adhérent à une association de gestion agréée ou ne fait pas appel à un professionnel de l'expertise comptable ayant conclu une convention avec l'administration fiscale (voir fiche 12). Le régime d'imposition des plus-values est identique au régime des BIC.

Détermination du revenu net catégoriel

Recettes imposables
• Ensemble des sommes perçues des clients et notamment : – les avances et provisions sur honoraires ; – les sommes reçues à titre de remboursement de frais ; – les intérêts des dépôts, créances et cautionnements perçus dans le cadre de la profession. • À l'inverse, ne sont pas compris dans les recettes imposables : – les dépôts de fonds ; – les rétrocessions d'honoraires à des confrères.

–

Dépenses professionnelles

=

Revenu net catégoriel BNC

15 L'IMPÔT SUR LE REVENU 2021 : CALCUL (1)

Détermination du revenu net imposable

Les revenus nets catégoriels sont cumulés et forment le revenu brut global à l'exception des plus-values des particuliers, qui sont imposées à un taux proportionnel.

Certaines charges et abattements peuvent être déduits du revenu global afin d'obtenir le revenu imposable.

Conditions de déductibilité des charges

4 conditions doivent être simultanément respectées :
- la déduction doit être prévue par la loi ;
- les charges ne doivent pas avoir déjà été déduites du revenu d'une catégorie ;
- elles doivent avoir été payées au cours de l'année d'imposition ;
- elles doivent être détaillées dans la déclaration n° 2042 et justifiées.

Charges déductibles du revenu global

Charges	Conditions de déductibilité	Limites /Observations
Pension alimentaire	• Aux ascendants dans le besoin.	• Pension imposée en leur nom.
	• Aux enfants mineurs de parents divorcés ou séparés.	• Imposable pour le bénéficiaire.
	• Aux enfants célibataires sans ressources.	• 6042 € par an et par enfant.
	• Aux enfants majeurs mariés.	• 6042 € par personne prise en charge.
	• Au conjoint ou ex-conjoint.	• Si payée en vertu d'une décision de justice.
Frais d'accueil d'une personne âgée de plus de 75 ans	La personne doit vivre sous le toit du contribuable, ne peut bénéficier d'une pension alimentaire et ses revenus doivent être inférieurs à un certain plafond.	Avantages en nature déductibles pour leur montant réel limité à 3592 € par personne et par an.
Cotisation d'épargne retraite individuelle	• PERP (plan d'épargne individuel pour la retraite) • Certains régimes complémentaires de la fonction publique PREFON, etc.	Pour chaque membre du foyer fiscal, la limite globale de déduction est égale au plus élevé des deux montants suivants : – 10 % des revenus de l'année précédente limités à 8 fois le plafond annuel de la sécurité sociale ; – ou 10 % de ce plafond.
Contribution sociale généralisée	6,8 % de la CSG (voir *fiche 21*).	Voir *fiche 21* pour les cas particuliers.

▶ Calcul de l'impôt brut

Détermination du quotient familial (revenu imposable pour une part)

$$\text{Quotient familial} = \frac{\text{Revenu imposable}}{\text{Nombre de parts}} = \frac{R}{N}$$

Détermination du nombre de parts

Nombre de personnes à charge	Nombre de parts correspondant à la situation de famille	
	Mariés ou pacsés soumis à une imposition commune Veufs ayant des enfants à charge	Célibataire ou divorcé ou veuf sans enfant issu de son mariage avec le conjoint décédé
0	2	1
1	2,5	2
2	3	2,5
3	4	3,5
4	5	4,5
5	6	5,5

- Le nombre de parts des contribuables célibataires ou divorcés ayant un ou plusieurs enfants à charge est diminué de 0,5 lorsqu'ils vivent en concubinage ou ne supportent pas effectivement la charge de leurs enfants.
- Une demi-part est ajoutée pour certaines personnes (handicapés).

Barême de l'IR 2021

Fraction de revenu imposable pour une part :

N'excèdant pas 10225 €	0 %
Compris entre 10225 € et 26070 €	11 %
Compris entre 26070 € et 74545 €	30 %
Compris entre 74545 € et 160336 €	41 %
Au-delà de 160336 €	45 %

▶ Calcul de l'impôt net

Correction à apporter à l'impôt brut. L'impôt net s'obtient en apportant les corrections suivantes à l'impôt brut dans l'ordre indiqué :

1. Application du plafonnement du quotient familial.
2. Application de la décote.
3. Imputation des réductions d'impôt.
4. Calcul de l'impôt sur les plus-values à taux proportionnel.
5. Reprises des réductions ou des crédits d'impôt antérieurs.
6. Imputation des crédits d'impôt (si le montant des crédits d'impôts est supérieur au montant de l'impôt brut, l'excédent est restitué).

L'IMPÔT SUR LE REVENU 2021 : CALCUL (2)

Application du plafonnement du quotient familial

La réduction d'impôt procurée par demi-part s'ajoutant à une part (personne seule) ou deux parts (mariés) ne peut excéder 1 592 €.

Application de la décote

La décote est égale à la différence entre 1 745 € (personnes seules), ou 2 888 € (couples soumis à une imposition commune), et les trois-quarts du montant de la cotisation d'impôt brut.

Réductions d'impôt à caractère social

Nature des dépenses	Taux	Conditions et observations
Dons effectués par les particuliers[1] :		
– aux organismes d'aide aux personnes en difficulté ;	75 %	Dans la limite d'un plafond de 562 € ; l'excédent peut être pris en compte avec les autres dons.
– autres dons : œuvres d'intérêt général, sommes versées pour le financement de la vie politique[2].	66 %	Dans la limite de 20 % du revenu imposable.
Frais de scolarisation des enfants à charge.	61 € 153 € 183 €	Par enfant collégien. Par enfant lycéen. Par enfant étudiant.
Frais de séjour en établissement pour personnes dépendantes.	25 %	Dépenses limitées à 10 000 € par an et par personne hébergée.

(1) Les exploitants individuels ont le choix entre cette réduction d'impôt applicable à l'ensemble des contribuables et la réduction spécifique prévue pour les entreprises.
(2) Dans la limite de 7 500 € par an et par donateur pour le financement de la vie politique.

Principales autres dépenses ouvrant droit à réduction d'impôt

Nature des dépenses	Taux	Conditions et observations
Frais de comptabilité ou d'adhésion à un centre (ou à une association de gestion agréée).	66,67 %	Réduction égale au montant du 2/3 des dépenses engagées dans la limite de 915 € par an si les deux conditions suivantes sont remplies : – un chiffre d'affaires inférieur aux limites du régime des micro-BIC ou micro-BNC ; – une option pour un régime réel
Souscription de parts : – de fonds communs de placement dans l'innovation ; – d'investissement de proximité (FIP).	18 %	Versements effectués dans la limite de 12 000 € pour une personne seule et de 24 000 € pour un couple marié ou lié par un pacs.
Souscription au capital d'une PME de moins de 7 ans, non cotée en bourse et dont le capital est détenu à plus de 75 % par des personnes physiques.	18 %	Sont pris en compte les versements en numéraire effectués dans la limite annuelle de 50 000 € (personne seule) et 100 000 € (couple soumis à une imposition commune). Les actions ou parts sociales doivent être conservées pendant 7 ans.

Souscription en faveur du cinéma ou de l'audiovisuel SOFICA.	30 % ou 48 %	Les investissements au capital des SOFICA permettent une réduction d'impôt de 30 % portée à 36 % dans certains cas. L'investissement est retenu dans la double limite de 25 % du revenu net global et de 18 000 €.

Principaux crédits d'impôts

Nature des dépenses	Taux ou montants	Conditions et observations
Cotisations syndicales.	66 %	Base : cotisations versées au cours de l'année. Limite : 1 % du revenu brut. À condition de ne pas avoir déduit ces cotisations de la catégorie des traitements et salaires au titre des frais professionnels.
Frais de garde de jeunes enfants.	50 %	Dépenses limitées à 2 300 € par an et par enfant de moins de 7 ans.
Dépenses pour la transition énergétique réalisées dans les logements de plus de 2 ans.	30 %	Dépenses réalisées et payées en 2021 permettant de contribuer à la transition énergétique. Plafond pluriannuel de 8 000 € pour un célibataire et 16 000 € pour les personnes mariées ou pacsées (majoré de 400 € par personne à charge). Achats de matériaux d'isolation thermique de chauffage ou de régulation de chauffage, installations d'équipements de production d'énergie à partir d'énergies renouvelables, installation de bornes de recharge pour véhicules électriques.
Frais d'emploi d'un salarié à domicile.	50 %	Dépenses supportées dans la limite de 12 000 €, plafond majoré de 1 500 € par enfant à charge et par membre du foyer fiscal âgé de plus de 65 ans, sans pouvoir excéder 15000 €.
Dépenses en faveur de l'aide aux personnes âgées ou handicapées.	25 %	Dépenses d'équipement pour les personnes âgées ou handicapées payées entre le 01.01.2005 et le 31.12.2020. Le montant des dépenses retenues est plafonné, pour les 5 années consécutives, à 5 000 € pour une personne seule, 10 000 € pour un couple, majoré de 400 € par personne à charge.

Plafonnement des avantages fiscaux

Les avantages fiscaux accordés en contrepartie d'un investissement réalisé en 2021 sont plafonnés à 10 000 €.

Les avantages liés à la situation personnelle du contribuable ou à la poursuite d'un objectif d'intérêt général (dons, par exemple) sont exclus du plafonnement.

17 LE CHAMP D'APPLICATION DE LA TVA

Personnes et opérations imposables

Opérations imposables à la TVA

- Par nature :

> – les livraisons de biens et de prestations de services ;
> – relevant d'une activité indépendante effectuée à titre onéreux ;
> – réalisées par un assujetti à la TVA.

Remarque: Les cessions de biens mobiliers d'investissement usagés par les personnes qui les ont utilisés pour les besoins de leur exploitation sont soumises à TVA (sur le prix de cession) à la condition que l'acquisition de ces biens ait permis une déduction de la TVA.

- Par une disposition de la loi, principalement :

> – les livraisons à soi-même de biens ou de services (LASM) ;
> – les acquisitions intracommunautaires ;
> – les importations de pays tiers.

- Sur option de l'entreprise :

> Certaines opérations normalement exonérées de TVA peuvent être soumises à la TVA sur option de l'entreprise.

Cette option permet de facturer la TVA aux clients et autorise la déduction de la TVA sur les achats de biens et services correspondants.

Opérations exonérées et options possibles

Principales opérations exonérées	Option
• Exportations et livraisons intracommunautaires	non
• Gestion et octroi de crédit	non
• Certaines opérations bancaires spécifiques	oui
• Activités médicales et paramédicales	non
• Activités d'enseignement	non
• Locations de locaux nus à usage professionnel	oui
• Avocats, écrivains, compositeurs, peintres, etc.	oui

Les livraisons à soi-même

Ce sont les biens ou services produits par l'entreprise pour ses propres besoins (autofabrication) ou affectés au personnel ou aux dirigeants ou à des tiers (autoconsommation).

<table>
<tr><td rowspan="2">Prélèvements pour les besoins de l'entreprise[1]</td><td>Biens ouvrant droit à déduction totale[2]</td><td>Non soumis à la TVA</td></tr>
<tr><td>Biens n'ouvrant pas droit à déduction totale[3]</td><td>Soumis à la TVA[4]</td></tr>
<tr><td>Prélèvements pour des besoins autres que ceux de l'entreprise</td><td colspan="2">Soumis à la TVA lorsque la TVA sur les éléments utilisés pour fabriquer les biens ou rendre les services a été déduite totalement ou partiellement[4].</td></tr>
</table>

(1) Les prestations de service utilisées pour les besoins de l'entreprise ne sont pas imposables au titre des livraisons à soi-même.
(2) L'acquisition du bien auprès d'un autre assujetti ouvre droit à une déduction complète de TVA.
(3) La TVA collectée n'est que partiellement ou pas du tout déductible.
(4) La TVA collectée n'est pas déductible.

Imposition des livraisons d'immeubles réalisées par des assujettis dans le cadre d'une activité économique

Opérations imposables de plein droit	Immeubles neufs.	Immeuble qui n'est pas achevé depuis plus de 5 ans.
	Terrains à bâtir.	Terrains constructibles au regard des règles de l'urbanisme.
Opérations exonérées	• Immeubles achevés depuis plus de 5 ans. • Terrains autres qu'à bâtir.	Ces opérations exonérées peuvent être soumises à la TVA sur option du vendeur.

▶ Territorialité de la TVA

Régime applicable aux livraisons de biens meubles

- **Opérations réalisées sur le territoire français**

Ces opérations sont imposables à la TVA si elles entrent dans son champ d'application.

- **Opérations réalisées dans l'Union européenne :**

– les livraisons intracommunautaires : si le client est identifié, la livraison est exonérée au départ de la France et taxée dans le pays de destination ; si le client n'est pas identifié, la livraison est taxée au départ de la France ;

– les acquisitions intracommunautaires : si l'entreprise française est identifiée, l'acquisition est taxée en France ; si l'entreprise française n'est pas identifiée, l'acquisition est taxée dans le pays de départ et ne subit pas la TVA française.

- **Opérations réalisées hors l'Union européenne :**

– les exportations : exonérées de TVA ;

– les importations : taxées à la TVA.

Régime applicable aux prestations de services

- **Principes**

Qualité du preneur	Lieu d'imposition
Assujettis à la TVA	Lieu d'établissement du preneur
Non assujettis à la TVA	Lieu d'établissement du prestataire

Des règles particulières sont applicables aux prestations matériellement localisables.

- **Récapitulatif du lieu d'imposition et du redevable**

Opérations réalisées (autres que dérogatoires)	Lieu d'imposition	Redevable
Le prestataire est établi en France, le preneur non assujetti est établi en France.	France	Prestataire
Le prestataire est établi en France, le preneur assujetti à la TVA est établi en France.	France	Prestataire
Le prestataire est établi en Italie, le preneur assujetti à la TVA est établi en France.	France	Preneur
Le prestataire est établi en Italie, le preneur non assujetti à la TVA est établi en France.	Italie	Prestataire
Le prestataire est établi en France, le preneur assujetti à la TVA est établi en Italie.	Italie	Preneur
Le prestataire est établi en France, le preneur non assujetti à la TVA est établi en Italie.	France	Prestataire

Taux de TVA

Le principe est l'application du taux normal de la TVA (20 %) à toutes les opérations, sauf dispositions particulières conduisant à appliquer un taux spécifique.

Les taux relatifs aux éléments les plus caractéristiques et les plus usuels sont présentés ci-après :

Taux	Opérations d'achat, de vente, d'importation, de livraison, de commission, de façon ou de courtage portant sur :
Normal (1) 20 %	Toutes les opérations ne relevant pas d'un autre taux : les produits manufacturés ; les prestations de services ; les travaux immobiliers, etc.
Intermédiaire 10 % (2)	• Médicaments non remboursés par la Sécurité sociale. • Transports de voyageurs, logement en hôtels ou en meublés. • La plupart des spectacles culturels ou de loisirs, les musées. • Redevance de l'audiovisuel. • Opérations de collecte et de tri sélectifs des ordures ménagères, etc. • Travaux d'amélioration, de transformation et d'entretien des locaux à usage d'habitation achevés depuis plus de deux ans. • Restauration.
Réduit 5,5 %	• Livres. • Droits d'entrée dans les salles de cinéma. • Produits alimentaires. • Abonnements au gaz et à l'électricité. • Équipements destinés à des personnes handicapées.

(1) 19,60 % avant le 01.01.2014 ; 18,60 % avant le 01.08.95 ; 20,60 % à compter du 01.08.95 et avant le 01.04.2000.
(2) 7 % avant le 01.01.2014 ; 5,5 % au 01.01.2012.

Assiette de la TVA

Principaux éléments compris dans la base d'imposition

Éléments	Observations
Prix de vente	Hors TVA.
Frais fiscaux	Taxes parafiscales ou spéciales (textiles…), droits de douane, taxe sur les produits pétroliers, taxe locale d'équipement.
Frais accessoires à la vente	Frais d'emballage, de transport, d'assurance, de cautionnement demandés aux clients en sus de la livraison ou de la prestation fournie.
Compléments de prix	Majorations pour faible facture ou délais rapides d'exécution.
Frais de transport	Les frais de transport sont imposés séparément si : – la vente est réalisée aux « conditions départ » ; – et s'ils font l'objet d'une facturation séparée. Le transport est taxé à 20 %. Dans tous les autres cas, les frais de transport sont compris dans la base imposable.

Principaux éléments exclus de la base d'imposition

Éléments	Observations
TVA	Les taxes recouvrées pour le compte d'autrui sont également non imposables.
Frais à la charge du client	Relatifs à un contrat indépendant de la vente et réglés directement par ses soins (intérêts versés à un organisme de crédit).
Réductions de prix	Escompte, rabais, ristourne.
Indemnités d'assurances	Indemnités d'origine délictuelle car elles ne correspondent pas à la contrepartie d'un service rendu.

Cas particuliers

Opérations	Base d'imposition
Importations	Valeur déclarée en douane.
Acquisitions intracommunautaires	Même détermination qu'en régime intérieur.
Livraisons à soi-même	Coût de revient des produits fabriqués ou coût d'achat des produits prélevés.
Biens mobiliers d'investissement	Prix de cession.
Immeubles	Prix de cession, si soumis à TVA.
Indemnités d'origine contractuelles	Dépôt de garantie, cautionnement conservés par le créancier, arrhes et acomptes conservés à titre de dédommagement.

▶ TVA : fait générateur et exigibilité

Le fait générateur est l'événement qui fait apparaître la créance sur le Trésor. L'exigibilité est la date qui fixe la période au titre de laquelle la TVA collectée est due au Trésor. Les principaux cas sont résumés dans le tableau ci-dessous :

Nature de l'opération	Fait générateur	Exigibilité
Livraisons de biens meubles corporels	Date de délivrance du bien.	Date de délivrance du bien.
Prestations de services	Achèvement de la prestation.	Date d'encaissement sauf si l'entreprise a opté pour acquitter la TVA d'après les débits.
Importation(1)	Date de dédouanement.	Date de dédouanement.
Acquisition intracommunautaire	Date de délivrance du bien.	– le 15 du mois suivant celui où est intervenu le fait générateur ; – ou à la date de la facture lorsque celle-ci, établie pour le prix total est délivrée à l'acquéreur avant le 15 du mois suivant celui du fait générateur.
Livraison à soi-même	Date de 1re utilisation.	Date de 1re utilisation.

(1) Sur option, la TVA peut être autoliquidée par l'importateur lors de la déclaration de TVA.

▶ L'option pour acquitter la TVA d'après les débits

Les entreprises prestataires de services peuvent opter pour le paiement de la TVA d'après les débits. La TVA devient alors exigible dès l'inscription de la somme due au compte du client. Cette option ne peut pas conduire à payer la TVA postérieurement à l'encaissement d'acomptes ou d'avances versés avant l'inscription au compte client.

Conditions de déductibilité

- La TVA portant sur des biens et services achetés est déductible si ceux-ci sont utilisés pour la réalisation d'opérations soumises à la TVA.
- La TVA doit être mentionnée sur un document justificatif (facture, déclaration en douane, etc.).

Principaux biens ou services exclus du droit à déduction

Exclusions du droit à déduction	
Dépenses de logement engagées au profit des salariés et des dirigeants de l'entreprise.	Sauf: Les dépenses relatives à la fourniture à titre gratuit du logement sur les chantiers ou dans les locaux d'une entreprise du personnel de sécurité de gardiennage ou de surveillance.
Acquisition ou location de moyens de transport des personnes: – véhicules de tourisme; – bicyclettes; – motocyclettes; – bateaux.	Sauf: – les camionnettes, les tracteurs; – les transports publics: taxis, ambulances, bateaux, exploitants d'autocars, d'avions, sociétés de location de véhicules; – les véhicules de plus de 9 places assises utilisés par les entreprises pour amener leur personnel sur les lieux de travail; – les véhicules utilitaires.
Cadeaux quels qu'en soient le bénéficiaire et la motivation.	Sauf: – les échantillons, les articles de réclame et les spécimens; – les articles d'une valeur unitaire inférieure à 69 € TTC par an et par bénéficiaire.
Certains produits pétroliers: l'essence (pour les véhicules ouvrant droit à déduction, déduction limitée à 40 %); le gazole, mais la déduction est autorisée si le carburant est utilisé pour un véhicule ouvrant droit à déduction et limitée à 80 % pour les autres véhicules.	
Tous les services relatifs à des biens exclus du droit à déduction.	
Tous les biens exclus du droit à déduction en matière de bénéfice sont également exclus en matière de TVA.	

Restrictions du droit à déduction

La TVA qui porte sur un bien ou service utilisé à la fois pour des opérations imposées et pour des opérations non imposées à la TVA, n'est déductible qu'en proportion d'un coefficient de déduction.

Le coefficient de déduction d'un bien ou d'un service est composé du produit de 3 coefficients:

– le **coefficient d'assujettissement** (CoAss): égal, pour chaque bien ou service, à la proportion d'utilisation de ce bien ou service à des opérations situées dans le champs d'application de la TVA (opérations imposables);

– le **coefficient de taxation** (CoTax): correspond à la proportion d'utilisation de ce bien ou service à des opérations ouvrant droit à déduction de la TVA (opérations imposées, exportations et assimilées);

– le **coefficient d'admission** (CoAdm): exprime les restrictions particulières du droit à déduction résultant de la réglementation.

CoDéd = CoAss × CoTax × CoAdm

Synthèse des restrictions à déduction de la TVA

La dépense est affectée :	CoAss	CoTax	CoAdm	Coef. de déduction
1) Entièrement à des op imposables :	1			
– entièrement à des op imposées ;	1	1	CoAdm	1 × 1 × CoAdm
– entièrement à des op exonérées ;	1	0	CoAdm	0
– à la fois à des op imposées et des op exonérées.	1	CoTax	CoAdm	1 × CoTax × CoAdm
2) Entièrement à des op non imposables.	0			0
3) À des op imposables et des op non imposables et :	CoAss			
– pas d'affectation à des op exonérées ;	CoAss	1	CoAdm	CoAss × 1 × CoAdm
– affectation en partie à des op exonérées.	CoAss	CoTax	CoAdm	CoAss × CoTax × CoAdm

Op : opérations.

Régularisations du droit à déduction de TVA

Régularisations annuelles

Une régularisation doit être effectuée chaque année pour les immobilisations (20 ans pour les immeubles, 5 ans pour les biens meubles) dont les conditions d'affectation ont varié dans une proportion significative. Si CAn × CTn – CAr × CTr > 0,10 une régularisation est nécessaire ; elle sera égale à :

Nature de l'immobilisation	Montant de la régularisation
Immeubles	TVA initiale* × (CDn – CDr) × 1/20
Meubles	TVA initiale* × (CDn – CDr) × 1/5
* Il s'agit de la TVA ayant grevé le bien (TVA figurant sur la facture)	

CAr : coef. d'assujettissement de référence • CTr : coef. de taxation de référence • CAn : coef. d'assujettissement de l'année • CTn : coef. de taxation de l'année • CDn : coef. de déduction de l'année • CDr : coef. de déduction de référence.

Régularisations globales

- **Cas de régularisation**. Une régularisation globale de la taxe initialement déduite sur les immobilisations doit être effectuée suite à la survenance de certains événements (cessions par exemple).
- **Régularisation globale** : somme des régularisations annuelles qu'un assujetti serait tenu d'effectuer jusqu'au terme de la période de régularisation s'il avait conservé l'immobilisation.
- **Cessions non soumises à TVA**. La régularisation prend la forme d'un reversement de TVA :

$$\text{TVA initialement déduite} \times \frac{\text{Nbre d'années restant à courir dans le délai de régularisation}}{\text{20 ans (immeubles) ou 5 ans (meubles)}}$$

Remarque : La régularisation ne concerne en pratique que les immeubles, la plupart des cessions de biens meubles sont soumises à la TVA dès que leur acquisition a donné lieu à une déduction de TVA, ce qui les dispense de tout reversement de TVA.

- **Cessions soumises à TVA sur le prix total**. La régularisation prend la forme d'un complément de TVA :

$$\text{TVA non déduite à l'acquisition} \times \frac{\text{Nbre d'années restant à courir dans le délai de régularisation}}{\text{20 ans (immeubles) ou 5 ans (meubles)}}$$

Remarque : Si la cession est réalisée auprès d'un négociant en biens d'occasion, le cédant peut opter afin de soumettre volontairement cette cession à la TVA et bénéficier d'un complément de TVA.

20 LA DÉCLARATION ET LE PAIEMENT DE LA TVA LA FRANCHISE DE TVA

Régime du réel normal

• Déclaration de la TVA due

Les entreprises doivent souscrire chaque mois une déclaration de TVA par voie électronique et télérégler la TVA due.

• Traitement du crédit de TVA

Si l'entreprise dégage un crédit de TVA, elle peut :

– soit le reporter sur les périodes suivantes ;

– soit en demander le remboursement sous certaines conditions.

Crédit de taxe	Montant minimum	Périodicité
Occasionnel	< 150 €	Annuelle
Permanent	> ou = 760 €	Mensuelle (1)

(1) La périodicité peut être trimestrielle pour les assujettis déposants des déclarations trimestrielles.

Régime du réel simplifié (voir *fiche 2*)

En matière de TVA, le régime simplifié n'est pas applicable si le montant de la TVA exigible au titre de l'année précédente dépasse 15 000 €.

Les redevables soumis au régime du réel simplifié établissent une déclaration annuelle (CA12) qui détermine le montant de la TVA due au titre de l'année écoulée. L'entreprise doit verser spontanément deux acomptes semestriels qui s'imputent sur le montant de la TVA due, déterminé lors du dépôt de la déclaration annuelle.

Les entreprises sont dispensées de verser des acomptes de TVA si elles ont acquitté au titre de l'année écoulée ou de l'année précédente une TVA nette hors TVA sur immobilisations inférieure à 1 000 €.

Détermination de la TVA due au titre d'un exercice (déclaration CA12)

Au titre de l'exercice N, la déclaration CA12 déposée le 30.04.N+1 fera apparaître les éléments suivants :

TVA collectée au cours de l'année

–

TVA déductible sur autres biens et services de l'année

–

TVA déductible sur immobilisations de l'année

=

TVA due au titre de l'année

Solde de la TVA due au titre de l'année

TVA due au titre de l'année

–

Acomptes versés au cours de l'année

=

Solde dû à l'administration ou crédit de TVA

Traitement du crédit de TVA

Les excédents de versement d'acomptes sont remboursables immédiatement quel que soit leur montant. Si le calcul de la TVA au titre d'un exercice fait apparaître un crédit de TVA, ce crédit est remboursable s'il est supérieur à 150 €. Le contribuable peut également choisir de reporter les différents crédits sur les acomptes de TVA à venir.

• Acomptes de TVA

Dates de paiement	Opérations effectuées	Montants
Début Juillet N	1er acompte	55 % de la taxe annuelle due au titre de N–1(1)
Décembre N	2e acompte	40 % de la taxe annuelle due au titre de N–1(1)

(1) Hors TVA sur immobilisations.

• Modulations des acomptes

En fonction de la TVA réellement due au titre de l'exercice en cours :

Suspension du 2e acompte	Si le montant de l'acompte déjà versé est égal ou supérieur à la TVA réellement due au titre de l'année en cours.
Diminution des acomptes	Un acompte peut être diminué, à la condition que ce versement partiel représente le solde de la TVA dû au titre de l'année en cours.

En fonction de la TVA réellement due au titre du semestre :

Les acomptes peuvent être réduits si la taxe due à raison des opérations du trimestre (après déduction de la TVA sur immobilisation) est inférieure d'au moins 10 % au montant de l'acompte normalement exigible.

Si le reliquat de TVA est égal au moins à 760 € et s'il est constitué par de la TVA sur immobilisation, il peut être remboursé dans les conditions ci-après.

• Remboursement de la TVA sur immobilisations

Possibilité d'une demande de remboursement trimestriel si le montant de la TVA déductible sur immobilisation est supérieur ou égal à 760 €. Ce remboursement ayant un caractère provisionnel donne lieu à une régularisation lors du dépôt de la déclaration annuelle.

▶ Franchise de TVA

Les entreprises dont le chiffre d'affaires annuel n'excède pas 85 800 € HT (entreprises commerciales exerçant une activité de vente) ou 34 400 € HT (activité de prestataires de services) bénéficient d'une franchise de TVA.

Dans ce cas, les redevables :

– ne peuvent plus déduire de TVA ;
– ne doivent plus mentionner la TVA sur leurs factures ;
– doivent indiquer sur leurs factures la mention : « TVA non applicable, article 293B du CGI ».

Les entreprises peuvent renoncer à la franchise sur option (deux ans) reconduite de plein droit en cas de remboursement d'un crédit de TVA.

21 LES PRÉLÈVEMENTS SOCIAUX

Caractéristiques générales

Certains revenus sont soumis à des prélèvements qui s'ajoutent à l'imposition sur le revenu.

On trouve cinq types de prélèvements :

– la contribution sociale généralisée (CSG) ;
– la contribution pour le remboursement de la dette sociale (CRDS) ;
– le prélèvement social ;
– le prélèvement de solidarité ;
– la contribution additionnelle.

Tableau récapitulatif des principales modalités d'application des prélèvements sociaux

Revenus	Assiette	Taux	Observations
Revenus d'activité • Salaires. • Primes et indemnités diverses. • Avantages en nature.	98,25 % du revenu brut si le montant < 4 fois plafond annuel sécurité sociale, 100 % au-delà.	CSG : 9,2 % CRDS : 0,5 %	• Recouvrement : Urssaf. • 6,8 % de CSG sont déductibles des revenus soumis à l'IR. • Sont exonérées de la CSG et de la CRDS : les indemnités pour frais professionnels non soumises aux cotisations sociales, les contributions de l'employeur aux titres restaurants, etc.
Revenus de remplacement Allocations-chômage	Similaires aux revenus d'activité	CSG : 6,2 % CRDS : 0,5 %	• Recouvrés comme les cotisations de sécurité sociale. • 5,9 points de la CSG à 8,3 % des revenus soumis à l'IR • Sont exonérés de CSG et de CRDS : RSA, pensions et allocations perçues par personnes non imposables à l'IR, allocations adultes handicapés, allocations veuvage, etc. • Sont exonérés de la CSG seulement : allocation logement, prestations familiales, etc.
Pensions de retraite et d'invalidité(1)(2)	100 % du revenu brut	CSG : 8,3 %(3) CRDS : 0,5 %	
Indemnités journalières de la sécurité sociale	100 % des indemnités brutes	CSG : 6,2 % CRDS : 0,5 %	

■■■

Revenus	Assiette	Taux	Observations
Revenus d'activités des non-salariés • Commerçant. • Professions libérales. • Agriculteurs, etc.	Revenus professionnels servant de base à la cotisation d'allocations familiales.	CSG : 9,2 % CRDS : 0,5 %	• Les agriculteurs ont une assiette particulière. • Recouvrement : Urssaf. • 6,8 % de la CSG sont déductibles des bénéfices soumis à l'IR.
Produits de placement • Dividendes. • Intérêts (obligations, créances, dépôts, etc.). • Plus-values immobilières et sur biens meubles. **Revenus du patrimoine et assimilés** • Revenus fonciers. • Plus-values de cession des valeurs mobilières et des droits sociaux. • BA, BNC, BIC non professionnels.	Totalité des revenus, sans aucun abattement.	CSG : 9,2 % CRDS : 0,5 % Prélèvement de solidarité : 7,5 % Contribution additionnelle : 0,3 %	• Recouvrement effectué par : – les établissements payeurs pour les produits financiers ; – la conservation des hypothèques pour les plus-values immobilières et sur certains meubles ; – un avis distinct d'imposition pour les revenus fonciers. • 6,8 % de la CSG déductibles du revenu imposable de l'année de son paiement pour les produits imposés selon le barème progressif de l'IR. • Aucune CSG déductible : – pour les produits qui ont fait l'objet d'un prélèvement libératoire ; – pour les plus-values immobilières imposées au taux de 16 ou 19 %.

(1) Les pensions de retraite supportent une contribution additionnelle de solidarité pour l'autonomie (CASA) au taux de 0,3 % non déductible du montant imposable au titre de l'IR. Les personnes dont le revenu fiscal est inférieur à un plafond déterminé chaque année civile sont exonérées de CASA.

(2) Les pensions de retraite et d'invalidité bénéficient d'un taux de CSG variant de 3,8 % à 8,3 % en fonction du revenu fiscal de référence de l'avant-dernière année.

Selon leur revenu fiscal de référence, les retraités peuvent être exonérés partiellement ou totalement du paiement de la CSG, de la CRDS ou de la CASA. Les seuils retenus sont publiés par année civile.

22 L'IMPÔT SUR LA FORTUNE IMMOBILIÈRE

Champ d'application

Personnes imposables
Personnes physiques : – dont la valeur du patrimoine excède 1 300 000 € au 1er janvier ; – ayant leur domicile fiscal en France, à raison de leurs biens situés en France ou hors de France ; – n'ayant pas leur domicile fiscal en France, à raison de leurs biens situés en France.

Territorialité
• France métropolitaine. • Départements d'outre-mer : Guadeloupe, Martinique, Guyane et la Réunion. • Des conventions internationales aménagent les rapports avec les pays étrangers.

Biens imposables
Les biens imposables sont formés des biens privés du foyer fiscal : – immeubles bâtis ; – titres de sociétés à hauteur de la fraction de leur valeur représentative de biens immobiliers détenus directement ou indirectement.

REMARQUE

Un abattement de 30 % sur la valeur vénale réelle de l'immeuble est appliqué à la résidence principale de son propriétaire.

Biens exonérés
• Les biens professionnels : – biens nécessaires à l'exercice de la profession à titre individuel.

Évaluation du patrimoine

Le patrimoine imposable est un patrimoine net.

Les biens sont évalués selon les mêmes règles qu'en matière de succession. La valeur imposable est une estimation fournie par le contribuable au 1er janvier de l'année.

Les dettes existant au 1er janvier sont déductibles de la valeur des biens imposables si elles sont justifiées et sont à la charge personnelle du redevable de l'IFI.

REMARQUE

Les sommes restant dues sur l'impôt sur le revenu, les taxes foncières et d'habitation et l'IFI lui-même sont déduites de la base imposable.

Calcul de l'IFI

Barème de l'IFI

Fraction de la valeur nette taxable du patrimoine	Taux en %
N'excédant pas 800 000 €	0
Comprise entre 800 000 € et 1 300 000 €	0,50
Comprise entre 1 300 000 € et 2 570 000 €	0,70
Comprise entre 2 570 000 € et 5 000 000 €	1,00
Comprise entre 5 000 000 € et 10 000 000 €	1,25
Supérieure à 10 000 000 €	1,50

Décote

Afin d'atténuer les effets de seuil, une décote est appliquée sur les patrimoines taxables dont la valeur est égale ou supérieure à 1 300 000 € et inférieure à 1 400 000 €.

Le montant de la décote est égal à :
17 500 – (1,275 % × Valeur nette taxable du patrimoine)

Atténuations de l'impôt

Réductions au titre des dons à certains organismes	Les dons au profit de certains organismes ouvrent droit à une réduction d'IFI de 75 % des sommes versées, dans la limite d'un plafond de 50 000 €.
Plafonnement de l'IFI en fonction des revenus	Lorsque la somme de l'IFI et de l'impôt sur le revenu (IR, impôts, plus-values, prélèvements sociaux) payés au cours de l'année précédente excède 75 % des revenus du redevable (revenus mondiaux nets de frais professionnels, gains capitalisés sur un contrat d'assurance-vie ou sur tout autre placement de même nature) de l'année précédente, l'IFI est réduit d'autant.

Déclaration et paiement de l'IFI

Les redevables à l'IFI dont le patrimoine est inférieur à 2 570 000 € portent directement sur leur déclaration d'impôt sur le revenu la valeur nette et brute de leur patrimoine taxable.

Les contribuables dont les patrimoines sont égaux ou supérieurs à 2 570 000 € doivent déposer une déclaration d'IFI, l'impôt étant payé avec le dépôt de la déclaration.

83391 - (I) - OSB 80 - 3272 - PCA - MPN
Imprimerie CHIRAT - 42540 Saint-Just-la-Pendue
Dépôt légal : février 2022
Imprimé en France